GUELOR IBARA NGATSE

AU PIED DES APOTRES

GUELOR IBARA NGATSE

AU PIED DES APOTRES

RETOUR AU FONDEMENT

Éditions Croix du Salut

Imprint

Any brand names and product names mentioned in this book are subject to trademark, brand or patent protection and are trademarks or registered trademarks of their respective holders. The use of brand names, product names, common names, trade names, product descriptions etc. even without a particular marking in this work is in no way to be construed to mean that such names may be regarded as unrestricted in respect of trademark and brand protection legislation and could thus be used by anyone.

Cover image: www.ingimage.com

Publisher:
Éditions Croix du Salut
is a trademark of
Dodo Books Indian Ocean Ltd. and OmniScriptum S.R.L publishing group

120 High Road, East Finchley, London, N2 9ED, United Kingdom
Str. Armeneasca 28/1, office 1, Chisinau MD-2012, Republic of Moldova, Europe
Managing Directors: Ieva Konstantinova, Victoria Ursu
info@omniscriptum.com

Printed at: see last page
ISBN: 978-620-6-16931-4

PLAN RESUME DU LIVRE

Personnages principaux :

-Alexandre : Inspiré par l'apôtre Paul, en quête de paix intérieure et de sens.

- Marie : Inspirée par l'apôtre Pierre, cherchant des valeurs solides pour sa famille.

- Jean : Inspiré par l'apôtre Jean, en quête de la paix au-delà du succès matériel.

- Isabelle : Inspirée par les Écritures, cherchant une connexion spirituelle.

INTRODUCTION

Dans un monde en constante évolution, marqué par des avancées technologiques rapides et des changements sociaux profonds, beaucoup de personnes ressentent un vide spirituel grandissant. Les valeurs traditionnelles et les fondements spirituels semblent souvent être éclipsés par les distractions de la vie moderne. C'est dans ce contexte que notre histoire débute.

Quatre personnages principaux, venant d'horizons divers, se retrouvent confrontés à des défis spirituels uniques. Ils cherchent à redécouvrir les enseignements fondamentaux des apôtres de Jésus-Christ afin de trouver des réponses à leurs questions existentielles et de restaurer un sens de la foi et de la spiritualité dans leur vie.

- **Alexandre**, un chercheur de vérité, est en quête de paix intérieure. Inspiré par l'apôtre Paul, il cherche à comprendre comment la foi peut apporter un sens profond à son existence.

- **Marie**, une mère de famille, veut transmettre des valeurs solides à ses enfants. Elle se tourne vers l'apôtre Pierre pour trouver des enseignements sur la foi, l'espoir et l'amour.

- **Jean**, un entrepreneur à succès, ressent un vide malgré ses accomplissements matériels. Il est influencé par les écrits de l'apôtre Jean et cherche à intégrer des valeurs spirituelles dans sa vie professionnelle.

- **Isabelle**, une artiste, se sent déconnectée spirituellement et cherche une source d'inspiration profonde. Les Écritures deviennent pour elle une boussole spirituelle.

Ces personnages, avec leurs parcours et aspirations distincts, se réunissent pour explorer les vies et les enseignements des apôtres. Leur quête les emmène à travers des études bibliques, des discussions profondes et des moments de réflexion personnelle, avec l'espoir de retrouver un fondement spirituel solide et une foi renouvelée.

PARTIE I : LE POINT DE DEPART

Le soleil se levait doucement sur la ville animée, éclairant les rues et les maisons où nos personnages vivaient leur quotidien. Alexandre, Marie, Jean et Isabelle, bien que venant de milieux différents, partageaient un sentiment commun de recherche de sens et de profondeur spirituelle.

Chapitre 1 : Description des personnages

Alexandre : Chercheur de vérité, Alexandre travaillait comme professeur de philosophie à l'université. Malgré son succès académique, il ressentait un vide intérieur qu'il ne pouvait expliquer. Sa quête de paix intérieure l'amenait à s'interroger sur les enseignements de l'apôtre Paul, espérant y trouver des réponses à ses questions existentielles.

Marie : Mère de trois enfants, Marie jonglait entre les responsabilités familiales et son travail à mi-temps comme infirmière. Elle souhaitait transmettre des valeurs solides à ses enfants dans un monde en constante évolution. Inspirée par l'apôtre Pierre, elle cherchait des enseignements sur la foi, l'espoir et l'amour, qui pourraient guider sa famille.

Jean : Entrepreneur prospère, Jean avait tout pour être heureux selon les standards du monde moderne : une entreprise florissante, une belle maison et des biens matériels. Pourtant, il ressentait un vide spirituel. Les écrits de l'apôtre Jean attiraient son attention, et il voulait comprendre comment intégrer des valeurs spirituelles dans sa vie professionnelle et personnelle.

Isabelle : Artiste peintre, Isabelle se sentait souvent déconnectée spirituellement. Elle cherchait une source d'inspiration profonde pour ses œuvres et sa vie personnelle. Les Écritures lui apparaissaient comme une boussole spirituelle, et elle espérait y trouver des réponses et une connexion plus intime avec sa foi.

Chapitre 2 : Le point commun des personnages

Chacun des personnages avait une motivation personnelle et une préoccupation spirituelle qui les poussait à chercher la guidance des apôtres. Leur quête commune les conduirait à explorer les enseignements bibliques et à découvrir comment ces vérités intemporelles pourraient transformer leur vie moderne.

PARTIE II : RENCONTRE AVEC LES APOTRES

Dans ce chapitre, nos personnages se plongent dans l'étude des apôtres pour mieux comprendre leurs vies, leurs missions, et les enseignements qu'ils ont laissés derrière eux. Cette exploration leur permettra de se connecter plus profondément avec les fondements de leur foi et de trouver des réponses à leurs propres questions spirituelles.

Chapitre 3 : Pierre - Sa vie, mission et enseignements

Vie de Pierre :

Pierre, initialement nommé Simon, était un pêcheur de Bethsaïda en Galilée. Il travaillait avec son frère André lorsqu'ils furent appelés par Jésus pour devenir ses disciples. Jésus donna à Simon le nom de Pierre, qui signifie "rocher", en prévision de son rôle futur comme leader de l'Église.

Mission de Pierre :

Pierre est souvent considéré comme le leader des apôtres. Il était impulsif et passionné, mais aussi profondément fidèle à Jésus. Après la résurrection de Jésus, Pierre prit une part essentielle dans la diffusion de l'Évangile. Il prêcha avec puissance lors de la Pentecôte, où environ trois mille personnes furent converties (Actes 2:41). Il joua également un rôle clé dans l'établissement des premières communautés chrétiennes.

Enseignements de Pierre:

Pierre a écrit deux lettres qui sont incluses dans le Nouveau Testament: 1 Pierre et 2 Pierre. Ses enseignements mettent l'accent sur la foi, la persévérance, l'amour fraternel et la sainteté. Voici quelques thèmes clés de ses écrits:

Foi et Espérance:

Pierre encourage les croyants à rester fermes dans leur foi malgré les persécutions et les épreuves. Il rappelle que leur espérance est ancrée dans la résurrection de Jésus-Christ et la promesse de la vie éternelle.

- **Verset clé:** "Béni soit Dieu, le Père de notre Seigneur Jésus-Christ! Dans sa grande miséricorde, il nous a fait naître de nouveau à une espérance vivante par la résurrection de Jésus-Christ d'entre les morts." (1 Pierre 1:3)

Persévérance et Souffrance:

Pierre exhorte les chrétiens à persévérer dans leur foi, même face à la souffrance. Il souligne que les épreuves servent à purifier leur foi et à les rendre plus forts.

- **Verset clé:** "C'est là un sujet de joie, même si, maintenant, il faut que vous soyez attristés pour un peu de temps par diverses épreuves, afin que l'épreuve de votre foi, plus précieuse que l'or périssable (qui pourtant est éprouvé par le feu), ait pour résultat la louange, la gloire et l'honneur lorsque Jésus-Christ apparaîtra." (1 Pierre 1:6-7)

Amour Fraternel:

Pierre met l'accent sur l'importance de l'amour et de l'unité parmi les croyants. Il exhorte les chrétiens à s'aimer les uns les autres et à vivre en harmonie.

- **Verset clé:** "Avant tout, ayez les uns pour les autres une ardente charité, car la charité couvre une multitude de péchés." (1 Pierre 4:8)

Vie Sainte:

Pierre appelle les croyants à vivre une vie de sainteté et de pureté, se conformant à la volonté de Dieu et rejetant les désirs mondains.

- **Verset clé:** "Mais, puisque celui qui vous a appelés est saint, vous aussi soyez saints dans toute votre conduite, selon qu'il est écrit: Vous serez saints, car je suis saint." (1 Pierre 1:15-16)

Ce chapitre permet de plonger dans la vie, la mission et les enseignements de Pierre, offrant une compréhension profonde de son rôle dans l'Église primitive et des messages qu'il a laissés pour les générations futures.

Versets Clés:

- Matthieu 16:18: "Et moi, je te dis que tu es Pierre, et que sur cette pierre je bâtirai mon Église."

- 1 Pierre 5:7: "Déchargez-vous sur lui de tous vos soucis, car lui-même prend soin de vous."

Chapitre 4 : Paul - Sa vie, mission et enseignements

Vie de Paul:

Paul, initialement nommé Saul de Tarse, était un Pharisaien fervent et un persécuteur de chrétiens. Né à Tarse (aujourd'hui en Turquie), il était bien éduqué et possédait la citoyenneté romaine. Sur le chemin de Damas pour persécuter les chrétiens, il eut une vision de Jésus ressuscité qui bouleversa sa vie. Après cette rencontre, Saul devint Paul et se consacra à la propagation de l'Évangile.

Mission de Paul:

Paul est l'un des apôtres les plus influents du Nouveau Testament. Après sa conversion, il entreprit plusieurs voyages missionnaires à travers le monde méditerranéen, fondant des églises et répandant le message de Jésus-Christ. Il écrivit plusieurs lettres (épîtres) aux églises qu'il avait fondées, offrant des conseils, des encouragements et des enseignements théologiques.

Enseignements de Paul:

Paul a écrit treize des vingt-sept livres du Nouveau Testament. Ses écrits sont riches en théologie chrétienne, abordant des thèmes tels que la grâce, la foi, la justification, et la vie en Christ. Voici quelques thèmes clés de ses enseignements:

Grâce et Foi:

Paul met un accent fort sur la grâce de Dieu et la foi en Jésus-Christ comme moyens de salut. Il enseigne que la justification vient par la foi, non par les œuvres.

- **Verset clé:** "Car c'est par la grâce que vous êtes sauvés, par le moyen de la foi. Et cela ne vient pas de vous, c'est le don de Dieu." (Éphésiens 2:8)

Justification par la Foi:

Paul soutient que les croyants sont justifiés (déclarés justes) devant Dieu par la foi en Jésus-Christ, et non par les œuvres de la loi.

- **Verset clé:** "Nous pensons, en effet, que l'homme est justifié par la foi, sans les œuvres de la loi." (Romains 3:28)

Vie en Christ:

Paul encourage les croyants à vivre une vie nouvelle en Christ, mettant de côté les désirs charnels et se conformant à la volonté de Dieu.

- **Verset clé:** "J'ai été crucifié avec Christ; et si je vis, ce n'est plus moi qui vis, c'est Christ qui vit en moi." (Galates 2:20)

Unité dans l'Église:

Paul enseigne l'importance de l'unité parmi les croyants et la diversité des dons spirituels au sein de l'Église.

- **Verset clé:** "Car, comme le corps est un et a plusieurs membres, et comme tous les membres du corps, malgré leur nombre, ne forment qu'un seul corps, ainsi en est-il de Christ." (1 Corinthiens 12:12)

Espérance et Résurrection:

Paul met en avant l'espérance de la résurrection et la vie éternelle pour les croyants, soulignant l'importance de cette espérance pour la foi chrétienne.

- **Verset clé:** "Si Christ n'est pas ressuscité, votre foi est vaine, vous êtes encore dans vos péchés." (1 Corinthiens 15:17)

Ce chapitre offre une exploration détaillée de la vie, de la mission et des enseignements de Paul, mettant en lumière son immense contribution à la théologie chrétienne et à l'établissement de l'Église primitive

Versets Clés:

- Romains 1:16: "Car je n'ai point honte de l'Évangile de Christ: c'est une puissance de Dieu pour le salut de quiconque croit."

- Galates 2:20: "J'ai été crucifié avec Christ; et si je vis, ce n'est plus moi qui vis, c'est Christ qui vit en moi."

Chapitre 5 : Jean - Sa vie, mission et enseignements

Vie de Jean :

Jean, également connu sous le nom de Jean le Théologien, était un pêcheur de Galilée, le fils de Zébédée et le frère de Jacques. Il faisait partie des premiers disciples appelés par Jésus. Jean est souvent appelé le "disciple que Jésus aimait", soulignant la relation spéciale qu'il avait avec le Christ. Après la mort de Jésus, Jean est devenu un leader influent dans l'Église primitive.

Mission de Jean :

Jean avait une mission unique parmi les apôtres. Il est l'auteur de l'Évangile de Jean, des trois Épîtres de Jean et du Livre de l'Apocalypse. Son objectif principal était de témoigner de la divinité de Jésus-Christ et de transmettre des messages de vérité, d'amour et d'espérance. Jean a vécu jusqu'à un âge avancé et a continué à prêcher et à enseigner jusqu'à la fin de sa vie.

Enseignements de Jean :

Les écrits de Jean sont profonds et remplis de symbolisme. Ils mettent l'accent sur l'amour, la vérité, la lumière et la vie éternelle en Jésus-Christ. Voici quelques thèmes clés de ses enseignements :

Divinité de Jésus :

Jean met un accent particulier sur la divinité de Jésus-Christ, affirmant clairement que Jésus est le Fils de Dieu et qu'il est venu dans le monde pour offrir le salut à l'humanité.

- **Verset clé :** "Au commencement était la Parole, et la Parole était avec Dieu, et la Parole était Dieu." (Jean 1 :1)

- **Verset clé :** "Car Dieu a tant aimé le monde qu'il a donné son Fils unique, afin que quiconque croit en lui ne périsse point, mais qu'il ait la vie éternelle." (Jean 3:16)

Amour :

Jean est souvent appelé "l'apôtre de l'amour" en raison de son insistance sur l'amour comme élément central de la foi chrétienne. Il exhorte les croyants à s'aimer les uns les autres comme Christ les a aimés.

- **Verset clé:** "Bien-aimés, aimons-nous les uns les autres; car l'amour est de Dieu, et quiconque aime est né de Dieu et connaît Dieu." (1 Jean 4:7)
- **Verset clé:** "Je vous donne un commandement nouveau: Aimez-vous les uns les autres; comme je vous ai aimés, vous aussi, aimez-vous les uns les autres." (Jean 13:34)

Vérité et Lumière :

Jean utilise souvent les métaphores de la lumière et des ténèbres pour décrire la lutte entre la vérité et le mensonge. Il appelle les croyants à marcher dans la lumière de Dieu et à vivre selon la vérité.

- **Verset clé :** "Si nous marchons dans la lumière, comme il est lui-même dans la lumière, nous sommes mutuellement en communion, et le sang de Jésus son Fils nous purifie de tout péché." (1 Jean 1:7)
- **Verset clé:** "Je suis le chemin, la vérité, et la vie. Nul ne vient au Père que par moi." (Jan 14:6)

Espérance et Vie Éternelle:

Jean insiste sur l'espérance de la vie éternelle promise aux croyants en Jésus-Christ. Il écrit pour encourager les chrétiens à rester fidèles et à persévérer dans leur foi.

- **Verset clé:** "Et voici le témoignage : c'est que Dieu nous a donné la vie éternelle, et que cette vie est dans son Fils." (1 Jean 5:11)
- **Verset clé :** "Heureux ceux qui lavent leurs robes, afin d'avoir droit à l'arbre de vie, et d'entrer par les portes dans la ville!" (Apocalypse 22:14)

Ce chapitre offre une exploration détaillée de la vie, de la mission et des enseignements de Jean, mettant en lumière son rôle crucial dans l'établissement de la théologie chrétienne et son impact durable sur l'Église.

Versets Clés:

- Jean 3:16: "Car Dieu a tant aimé le monde qu'il a donné son Fils unique, afin que quiconque croit en lui ne périsse point, mais qu'il ait la vie éternelle."

- 1 Jean 4:7: "Bien-aimés, aimons-nous les uns les autres; car l'amour est de Dieu, et quiconque aime est né de Dieu et connaît Dieu."

Chapitre 6 : Jacques - Sa vie, mission et enseignements

Vie de Jacques :

Jacques, également connu sous le nom de Jacques le Juste, était le frère de Jésus et un leader important dans l'Église de Jérusalem. Selon la tradition chrétienne, Jacques était initialement sceptique quant à la mission de Jésus, mais il devint un fervent croyant après avoir vu Jésus ressuscité. Il est reconnu pour sa piété, sa sagesse et son dévouement à la prière.

Mission de Jacques:

En tant que leader de l'Église de Jérusalem, Jacques joua un rôle crucial dans la consolidation et la direction des premiers chrétiens. Il était respecté pour son leadership sage et impartial. Jacques présida également le Concile de Jérusalem, où des décisions importantes furent prises concernant l'accueil des Gentils dans l'Église.

Enseignements de Jacques :

Jacques est l'auteur de l'Épître de Jacques, l'une des lettres du Nouveau Testament. Ses enseignements mettent l'accent sur la foi active, la patience, la sagesse et la justice sociale. Voici quelques thèmes clés de ses écrits:

Foi Active:

Jacques insiste sur l'importance d'une foi vivante et active qui se manifeste par des actions concrètes. Il enseigne que la foi sans les œuvres est morte.

- **Verset clé:** "Ainsi, la foi, si elle n'a pas les œuvres, est morte en elle-même." (Jacques 2:17)

- **Verset clé:** "Montre-moi ta foi sans les œuvres, et je te montrerai la foi par mes œuvres." (Jacques 2:18)

Patience et Persévérance :

Jacques exhorte les croyants à être patients et persévérants dans les épreuves, sachant que ces défis produisent la patience et perfectionnent leur foi.

- **Verset clé:** "Mes frères, regardez comme un sujet de joie complète les diverses épreuves auxquelles vous pouvez être exposés, sachant que l'épreuve de votre foi produit la patience." (Jacques 1:2-3)

- **Verset clé:** "Heureux l'homme qui supporte patiemment la tentation; car, après avoir été éprouvé, il recevra la couronne de vie que le Seigneur a promise à ceux qui l'aiment." (Jacques 1:12)

Sagesse:

Jacques encourage les croyants à chercher la sagesse divine pour prendre des décisions justes et vivre une vie selon la volonté de Dieu.

- **Verset clé:** "Si quelqu'un d'entre vous manque de sagesse, qu'il la demande à Dieu, qui donne à tous simplement et sans reproche, et elle lui sera donnée." (Jacques 1:5)

- **Verset clé:** "La sagesse d'en haut est premièrement pure, ensuite paisible, modérée, conciliante, pleine de miséricorde et de bons fruits, exempte de duplicité, d'hypocrisie." (Jacques 3:17)

Justice Sociale:

Jacques critique sévèrement les riches oppresseurs et appelle à la justice sociale. Il enseigne que la vraie religion consiste à prendre soin des orphelins et des veuves et à se garder pur du monde.

- **Verset clé:** "La religion pure et sans tache devant Dieu notre Père consiste à visiter les orphelins et les veuves dans leurs afflictions, et à se préserver des souillures du monde." (Jacques 1:27)

- **Verset clé:** "Écoutez, mes frères bien-aimés: Dieu n'a-t-il pas choisi les pauvres aux yeux du monde, pour les rendre riches en la foi et héritiers du royaume qu'il a promis à ceux qui l'aiment?" (Jacques 2:5)

Ce chapitre offre une exploration détaillée de la vie, de la mission et des enseignements de Jacques, soulignant son rôle essentiel dans l'Église primitive et son message puissant d'une foi active et juste.

Versets Clés:

- Jacques 2:17: "Il en est ainsi de la foi: si elle n'a pas les œuvres, elle est morte en elle-même."

- Jacques 1:5: "Si quelqu'un d'entre vous manque de sagesse, qu'il la demande à Dieu, qui donne à tous simplement et sans reproche, et elle lui sera donnée."

Ce chapitre serve de fondation théologique pour vos personnages, leur offrant des repères spirituels solides et des modèles de foi à suivre. Ils pourront ensuite appliquer ces enseignements dans les chapitres suivants.

Chapitre 7: Autres Apôtres - Leur impact et contributions

Philippe:

Philippe était l'un des douze apôtres et a joué un rôle important dans l'Église primitive. Il est mentionné dans les Évangiles et dans les Actes des Apôtres. Dans les actes des apôtres on parle d'un autre Philippe l'évangéliste qui a montré un zèle missionnaire remarquable, notamment lorsqu'il a évangélisé l'eunuque éthiopien, ouvrant ainsi la voie à la diffusion du christianisme en Afrique.

- **Contribution clé:** Évangélisation de l'eunuque éthiopien (Actes 8:26-40).
- **Verset clé:** "Philippe prit la parole, et, commençant par ce passage, lui annonça la bonne nouvelle de Jésus." (Actes 8:35)

Barthélemy (Nathanaël):

Barthélemy, également connu sous le nom de Nathanaël, était l'un des douze apôtres. Il est mentionné principalement dans l'Évangile de Jean et est connu pour son intégrité et sa foi.

- **Contribution clé:** Évangélisation dans diverses régions, y compris l'Inde et l'Arménie, selon la tradition.
- **Verset clé:** "Jésus, voyant venir à lui Nathanaël, dit de lui: Voici vraiment un Israélite, en qui il n'y a point de fraude." (Jean 1:47)

Thomas (Didyme):

Thomas est souvent connu comme "Thomas le Douteur" en raison de son scepticisme initial concernant la résurrection de Jésus. Cependant, il est aussi reconnu pour sa foi profonde après avoir vu Jésus ressuscité. Selon la tradition, Thomas a voyagé jusqu'en Inde pour prêcher l'Évangile.

- **Contribution clé:** Évangélisation en Inde et établissement de l'Église syro-malabare.
- **Verset clé:** "Thomas lui répondit: Mon Seigneur et mon Dieu!" (Jean 20:28)

Matthieu (Lévi):

Matthieu était un collecteur d'impôts avant de devenir l'un des douze apôtres. Il est l'auteur de l'Évangile de Matthieu, qui met un accent particulier sur les enseignements de Jésus et la réalisation des prophéties de l'Ancien Testament.

- **Contribution clé:** Rédaction de l'Évangile de Matthieu.

- **Verset clé:** "Jésus, étant passé plus loin, vit un homme assis au lieu des péages, et qui s'appelait Matthieu. Il lui dit: Suis-moi. Cet homme se leva, et le suivit." (Matthieu 9:9)

Simon le Zélote:

Simon le Zélote était l'un des douze apôtres et est souvent distingué des autres Simons par son surnom "le Zélote", indiquant peut-être son appartenance à un mouvement juif révolutionnaire avant de suivre Jésus.

- **Contribution clé:** Évangélisation en Perse et en Arménie, selon la tradition.

- **Verset clé:** "Voici les noms des douze apôtres: le premier, Simon appelé Pierre, et André, son frère; Jacques, fils de Zébédée, et Jean, son frère; Philippe, et Barthélemy; Thomas, et Matthieu le publicain; Jacques, fils d'Alphée, et Thaddée; Simon le Cananite, et Judas l'Iscariot, celui qui livra Jésus." (Matthieu 10:2-4)

Jude (Thaddée):

Jude, également connu sous le nom de Thaddée, était l'un des douze apôtres. Il est souvent identifié comme l'auteur de l'Épître de Jude, qui met en garde contre les faux enseignants et exhorte les croyants à persévérer dans la foi.

- **Contribution clé:** Évangélisation en Mésopotamie et en Perse, selon la tradition.

- **Verset clé:** "Quant à vous, bien-aimés, édifiez-vous vous-mêmes sur votre très sainte foi, priez par le Saint-Esprit." (Jude 1:20)

Matthias:

Matthias a été choisi pour remplacer Judas Iscariot comme l'un des douze apôtres après la trahison et la mort de Judas. Bien que peu mentionné dans le Nouveau Testament, il a joué un rôle dans l'Église primitive.

- **Contribution clé:** Évangélisation en Judée et en Éthiopie, selon la tradition.

- **Verset clé:** "Ils en présentèrent deux: Joseph appelé Barsabbas, surnommé Justus, et Matthias. Puis ils firent cette prière: Seigneur, toi qui connais les cœurs de tous, désigne lequel de ces deux tu as choisi." (Actes 1:23-24)

André:

André était le frère de Pierre et l'un des premiers disciples de Jésus. Il a un rôle significatif dans la conversion de nombreuses personnes, dont son frère Pierre. Selon la tradition, il a prêché dans différentes régions, y compris la Grèce et l'Asie Mineure.

- **Contribution clé:** Évangélisation en Grèce et en Asie Mineure.

- **Verset clé:** "Il amena [Pierre] à Jésus. Jésus, l'ayant regardé, dit: Tu es Simon, fils de Jonas; tu seras appelé Céphas (ce qui signifie Pierre)." (Jean 1:42)

Ce chapitre permet de mieux comprendre l'impact et les contributions des autres apôtres, montrant comment chacun a joué un rôle essentiel dans la diffusion de l'Évangile et l'établissement de l'Église primitive.

PARTIE III: REFLEXIONS ET INTROSPECTIONS

Après avoir étudié les vies et les enseignements des apôtres, Alexandre, Marie, Jean et Isabelle entreprennent une profonde réflexion personnelle. Chacun d'eux médite sur les messages bibliques et cherche à comprendre comment ces enseignements peuvent transformer leur vie quotidienne.

Chapitre 8: Alexandre: Réflexion personnelle et application des enseignements de Paul

Alexandre, chercheur de vérité, travaillait comme professeur de philosophie à l'université. Malgré son succès académique, il ressentait un vide intérieur qu'il ne pouvait expliquer. Sa quête de paix intérieure l'amenait à s'interroger sur les enseignements de l'apôtre Paul, espérant y trouver des réponses à ses questions existentielles.

Enseignements clés de Paul

- **Foi et Grâce**: Paul enseigne que la foi en Jésus-Christ est le fondement de la vie chrétienne, et que la grâce de Dieu est un don immérité qui sauve.

- **Mission et Évangélisation**: Paul est un fervent défenseur de la mission chrétienne, encourageant les croyants à partager l'Évangile.

- **Endurance et Persévérance**: Paul parle souvent de l'importance de persévérer dans la foi, même face aux épreuves et aux persécutions.

Alexandre trouve dans les lettres de Paul des encouragements et des inspirations pour sa propre vie. Il réfléchit sur :

- **La Foi**: Comment sa propre foi a été renforcée par les moments de doute et comment il a appris à faire confiance à la providence de Dieu.

- **La Grâce**: Les moments où il a ressenti la grâce de Dieu dans sa vie, souvent à travers des bénédictions inattendues ou des secours divins en temps de besoin.

- **La Mission**: Ses tentatives pour partager sa foi avec sa famille, ses amis et même des inconnus, et les défis qu'il a rencontrés en cours de route.

Application pratique dans la vie quotidienne d'Alexandre

- **Foi et Prière**: Alexandre consacre du temps chaque jour à la prière et à la méditation des Écritures, cherchant à renforcer sa foi.

- **Actes de Grâce**: Il fait preuve de grâce et de pardon envers ceux qui l'ont blessé, suivant l'exemple de l'amour inconditionnel enseigné par Paul.

- **Mission de Vie**: Alexandre s'engage dans des œuvres caritatives et communautaires, voyant cela comme une extension de sa mission chrétienne, inspirée par Paul.

Cette structure permettrait d'explorer comment les enseignements de Paul peuvent être appliqués de manière personnelle et pratique dans la vie d'Alexandre, offrant ainsi aux lecteurs des réflexions et des inspirations pour leur propre parcours spirituel.

Chapitre 9 : Marie: Réflexion personnelle et application des enseignements de Pierre

Marie, mère de trois enfants, jonglait entre les responsabilités familiales et son travail à mi-temps comme infirmière. Elle souhaitait transmettre des valeurs solides à ses enfants dans un monde en constante évolution. Inspirée par l'apôtre Pierre, elle cherchait des enseignements sur la foi, l'espoir et l'amour, qui pourraient guider sa famille.

Enseignements clés de Pierre

- **Foi et Leadership**: Pierre est souvent reconnu pour son rôle de leader parmi les apôtres et pour sa foi inébranlable, même face aux défis.

- **Courage et Persévérance**: Les enseignements de Pierre mettent en avant l'importance de rester courageux et persévérant, malgré les épreuves.

- **Repentance et Pardon**: Pierre a beaucoup enseigné sur la repentance et l'importance du pardon, partageant ses propres expériences de transformation spirituelle.

Marie trouve dans les enseignements de Pierre des orientations précieuses pour sa vie et celle de sa famille. Elle réfléchit sur :

- **La Foi**: Comment renforcer sa propre foi et celle de ses enfants, en s'appuyant sur des moments de prière et de méditation.

- **L'Espoir**: L'importance de maintenir l'espoir, même dans les moments difficiles, et de transmettre cet espoir à ses enfants.

- **L'Amour et le Pardon**: Les leçons de Pierre sur l'amour et le pardon résonnent fortement avec Marie, qui les applique dans ses relations familiales.

Application pratique dans la vie quotidienne de Marie

- **Routines Spirituelles**: Marie installe des moments de prière en famille et lit des passages bibliques avec ses enfants, inspirée par la foi de Pierre.

- **Encourager le Courage**: Elle encourage ses enfants à faire preuve de courage et à persévérer dans leurs études et leurs défis personnels, en leur partageant des histoires de Pierre.

- **Pratiquer le Pardon**: Marie montre l'exemple en pratiquant le pardon dans sa vie quotidienne, en enseignant à ses enfants l'importance de pardonner et de demander pardon.

Cette section démontre comment les enseignements de Pierre peuvent être intégrés dans la vie de Marie, offrant ainsi aux lecteurs des pistes concrètes pour appliquer ces principes dans leur propre contexte familial.

Chapitre 10: Jean: Réflexion personnelle et application des enseignements de Jean

Jean, entrepreneur prospère, avait tout pour être heureux selon les standards du monde moderne: une entreprise florissante, une belle maison et des biens matériels. Pourtant, il ressentait un vide spirituel. Les écrits de l'apôtre Jean attiraient son attention, et il voulait comprendre comment intégrer des valeurs spirituelles dans sa vie professionnelle et personnelle.

Enseignements clés de Jean

- **Amour et Vérité**: Jean insiste sur l'importance de l'amour sincère et de la vérité dans les relations humaines et la vie spirituelle.

- **Lumière et Ténèbres**: Jean utilise souvent le contraste entre lumière et ténèbres pour symboliser le bien et le mal, encourageant les croyants à vivre dans la lumière.

- **Communion et Fraternité**: Les écrits de Jean mettent en avant l'importance de la communion avec Dieu et avec les autres, soulignant la valeur de la communauté et de l'unité.

Jean trouve dans les écrits de l'apôtre des réponses à ses questions spirituelles. Il réfléchit sur :

- **L'Amour**: Comment l'amour inconditionnel enseigné par Jean peut transformer ses relations professionnelles et personnelles.

- **La Vérité**: L'importance de l'honnêteté et de l'intégrité dans ses affaires et interactions quotidiennes.

- **La Lumière**: Les moyens de combattre les "ténèbres" de la corruption et des pratiques non éthiques dans le monde des affaires en vivant selon les principes de lumière.

Application pratique dans la vie quotidienne de Jean

- **Intégrer l'Amour**: Jean s'efforce d'incarner l'amour chrétien en étant juste et compréhensif avec ses employés et ses collègues.

- **Pratiquer la Vérité**: Il adopte une politique de transparence dans ses affaires, assurant que toutes ses opérations sont conduites avec intégrité.

- **Favoriser la Communion**: Jean organise des groupes de prière et des discussions spirituelles au sein de son entreprise, créant une culture de soutien et d'unité.

Cette section démontre comment les enseignements de l'apôtre Jean peuvent être intégrés dans la vie de Jean, offrant ainsi aux lecteurs des exemples concrets et inspirants pour intégrer des valeurs spirituelles dans leur propre vie professionnelle et personnelle.

Chapitre 11 : Isabelle : Réflexion personnelle et application des enseignements de Jacques

Isabelle, artiste peintre, se sentait souvent déconnectée spirituellement. Elle cherchait une source d'inspiration profonde pour ses œuvres et sa vie personnelle. Les Écritures lui apparaissaient comme une boussole spirituelle, et elle espérait y trouver des réponses et une connexion plus intime avec sa foi.

Enseignements clés de Jacques

- **Œuvres et Foi**: Jacques souligne l'importance des œuvres comme manifestation de la foi. Il insiste sur le fait que la foi sans les œuvres est morte.

- **Sagesse et Patience**: Jacques enseigne la valeur de la sagesse divine et de la patience dans les épreuves.

- **Humilité et Soumission**: Les écrits de Jacques encouragent l'humilité et la soumission à la volonté de Dieu.

Isabelle trouve dans les écrits de Jacques une source d'inspiration pour sa vie et son art. Elle réfléchit sur :

- **Les Œuvres**: Comment ses œuvres d'art peuvent être une expression de sa foi et un moyen de partager des messages spirituels avec son public.

- **La Sagesse**: La recherche de la sagesse divine à travers la prière et la méditation pour guider son processus créatif.

- **L'Humilité**: La compréhension de la nécessité de rester humble et reconnaissante, même face au succès artistique.

Application pratique dans la vie quotidienne d'Isabelle

- **Art Inspiré**: Isabelle commence à créer des œuvres d'art inspirées par des passages bibliques et des enseignements de Jacques, cherchant à transmettre des messages de foi, d'espoir et de compassion.

- **Routine Spirituelle**: Elle intègre des moments de prière et de méditation dans sa routine quotidienne, cherchant la sagesse et la guidance divine pour ses créations.

- **Service et Humilité**: Isabelle s'engage dans des activités de service communautaire, utilisant ses talents artistiques pour soutenir des causes charitables et aider les autres, tout en restant humble et reconnaissante.

Cette section montre comment les enseignements de Jacques peuvent être intégrés dans la vie et l'art d'Isabelle, offrant ainsi aux lecteurs des exemples concrets et inspirants pour appliquer ces principes dans leur propre vie. Si vous avez besoin de développer davantage cette section ou d'autres chapitres, je suis à votre disposition !

PARTIE IV : DEFIS MODERNES ET SOLUTIONS BIBLIQUES

Dans ce chapitre, les personnages font face aux défis contemporains et tentent d'appliquer les enseignements des apôtres à leurs vies professionnelles, familiales et sociales. Les enseignements bibliques leur servent de guide pour surmonter les obstacles et vivre une vie plus épanouie et centrée sur la foi.

Chapitre 12 : Stress et Burnout : La paix intérieure à travers la prière et la méditation

Le stress et le burnout sont des réalités courantes de la vie moderne, touchant de nombreuses personnes dans leurs activités professionnelles et personnelles. Ce chapitre explore comment la prière et la méditation peuvent être des outils puissants pour retrouver la paix intérieure et gérer ces défis.

Comprendre le stress et le burnout

- **Stress**: Réaction du corps à des demandes ou menaces, pouvant être aigu ou chronique.

- **Burnout**: État d'épuisement émotionnel, physique et mental résultant d'un stress prolongé et excessif, souvent lié au travail.

La prière comme source de paix intérieure

- **Définition et importance**: La prière est une pratique spirituelle où l'on communique avec Dieu, recherchant guidance, réconfort et soutien.

- **Techniques de prière**: Inclure des prières de gratitude, des demandes de soutien, et des moments de silence pour écouter.

- **Exemples bibliques**: Moments où des figures bibliques ont trouvé paix et guidance à travers la prière (ex. Jésus dans le Jardin de Gethsémani).

La méditation comme outil de gestion du stress

- **Définition et importance**: La méditation est une pratique où l'on se concentre sur le présent, souvent en utilisant des techniques de respiration et de visualisation.

- **Techniques de méditation**: Inclure des méditations guidées, la méditation de pleine conscience, et la méditation centrée sur des passages bibliques.

- **Bénéfices**: Réduction du stress, amélioration de la concentration et de la clarté mentale, augmentation du bien-être général.

Combiner prière et méditation pour une paix intérieure

- **Pratique quotidienne**: Intégrer des moments de prière et de méditation dans sa routine quotidienne, même si ce n'est que quelques minutes par jour.

- **Créez un espace sacré**: Aménager un endroit calme et confortable pour prier et méditer, favorisant la concentration et le recueillement.

- **Partage et communauté**: Rejoindre des groupes de prière ou de méditation, partageant des expériences et trouvant du soutien mutuel.

Conclusion: Retrouver la paix intérieure

- **Réflexions finales**: La prière et la méditation ne sont pas des solutions miracles, mais des pratiques continues qui, avec le temps, apportent une profonde paix intérieure et aident à gérer le stress et le burnout.

- **Encouragement**: Inviter les lecteurs à expérimenter ces pratiques et à observer les transformations dans leur propre vie.

Ce chapitre offre une approche pratique et spirituelle pour aider les lecteurs à surmonter le stress et le burnout, en trouvant une paix intérieure durable à travers la prière et la méditation.

Chapitre 13: Éducation des Enfants: Transmettre les valeurs chrétiennes dans un monde sécularisé

Dans un monde de plus en plus sécularisé, transmettre des valeurs chrétiennes à ses enfants peut sembler être un défi considérable. Ce chapitre explore des moyens pratiques pour inculquer ces valeurs de manière efficace et engageante.

Les fondements des valeurs chrétiennes

- **Amour et Compassion**: Enseigner l'importance de l'amour inconditionnel et de la compassion pour autrui.

- **Intégrité et Honnêteté**: Souligner la valeur de l'honnêteté et de l'intégrité dans toutes les actions.

- **Foi et Espérance**: Encourager une foi solide en Dieu et une espérance continue en l'avenir.

Stratégies pour transmettre les valeurs chrétiennes

- **Modèle de Comportement**: Les enfants apprennent beaucoup par l'exemple. Montrer ces valeurs à travers ses propres actions quotidiennes.

- **Histoire et Discussion Bibliques**: Intégrer des récits bibliques et des discussions régulières sur les leçons qu'ils apportent.

- **Activités Familiales**: Participer ensemble à des activités qui renforcent les valeurs chrétiennes, comme le bénévolat et les projets de service communautaire.

La prière et la spiritualité en famille

- **Moments de Prière en Famille**: Créer des moments dédiés à la prière en famille pour renforcer la foi collective.

- **Méditation et Réflexion**: Encourager des moments de méditation et de réflexion sur les Écritures.

- **Événements Religieux**: Participer régulièrement à des offices religieux et à d'autres événements spirituels.

Gérer les influences extérieures

- **Équilibrer les Influences**: Reconnaître les influences sécularisées et trouver un équilibre avec les valeurs chrétiennes.

- **Communication Ouverte**: Maintenir une communication ouverte avec les enfants sur les défis et les questions qu'ils peuvent avoir concernant leur foi.

- **Éducation et Information**: Fournir aux enfants des ressources et des informations qui les aident à comprendre et à apprécier leur foi.

Conclusion: Cultiver une foi durable

- **Réflexions finales**: Transmettre les valeurs chrétiennes dans un monde sécularisé demande de la patience, de la persévérance et beaucoup d'amour.

- **Encouragement**: Encourager les parents à persister dans leurs efforts et à chercher constamment des moyens créatifs d'intégrer ces valeurs dans la vie quotidienne de leurs enfants.

Ce chapitre offre des conseils pratiques et des réflexions pour aider les parents à élever leurs enfants dans la foi chrétienne, même face aux défis d'un monde sécularisé.

Chapitre 14: Éthique Professionnelle: Intégrité et amour dans le monde des affaires

Dans le monde des affaires, l'intégrité et l'amour sont des valeurs essentielles pour créer des environnements de travail sains, productifs et durables. Ce chapitre explore comment intégrer ces principes dans la pratique professionnelle quotidienne.

Les fondements de l'éthique professionnelle chrétienne

- **Intégrité**: Faire preuve d'honnêteté et de transparence dans toutes les transactions et interactions professionnelles.

- **Amour et Compassion**: Traiter collègues, employés et clients avec respect, dignité et compassion.

Stratégies pour intégrer l'intégrité dans le monde des affaires

- **Transparence**: Maintenir une transparence totale dans les opérations et la communication interne et externe.

- **Responsabilité**: Assumer la responsabilité de ses actions et des décisions prises, même en cas d'erreur.

- **Respect des engagements**: Honorer les promesses et les contrats, en respectant les délais et les standards de qualité.

Pratiques pour manifester l'amour dans les relations professionnelles

- **Écoute active**: Prendre le temps d'écouter activement les besoins et les préoccupations des autres.

- **Bienveillance**: Offrir soutien et encouragement, et créer un environnement de travail positif.

- **Équité**: Traiter tous les employés et partenaires équitablement, sans favoritisme ni discrimination.

Résoudre les dilemmes éthiques

- **Guidance biblique**: S'inspirer des Écritures pour prendre des décisions éthiques.

- **Conseil**: Consulter des mentors ou des conseillers spirituels lors de décisions difficiles.

- **Réflexion**: Prendre le temps de réfléchir aux implications éthiques avant d'agir.

Les bénéfices de l'éthique professionnelle

- **Réputation et Confiance**: Une entreprise intègre et aimante gagne la confiance de ses clients et partenaires.

- **Cohésion et Motivation**: Un environnement de travail éthique favorise la cohésion et la motivation des employés.

- **Succès durable**: Les pratiques éthiques conduisent à un succès à long terme, en évitant les conflits et les problèmes juridiques.

Vers une éthique professionnelle enracinée dans la foi

- **Réflexions finales**: L'intégration de l'intégrité et de l'amour dans les affaires transforme non seulement l'entreprise, mais aussi la société dans son ensemble.

- **Encouragement**: Inviter les professionnels à adopter ces valeurs dans leur pratique quotidienne, pour un monde des affaires plus juste et humain.

Ce chapitre fournit des directives pratiques et spirituelles pour intégrer l'éthique chrétienne dans le monde des affaires, offrant ainsi aux lecteurs des outils pour naviguer avec intégrité et amour dans leur vie professionnelle.

Chapitre 15: Recherche de Sens et d'Inspiration: Trouver la lumière divine dans la créativité

La créativité est souvent perçue comme un don divin, une étincelle qui nous permet de voir et de créer au-delà de l'ordinaire. Ce chapitre explore comment trouver la lumière divine et l'inspiration spirituelle à travers la créativité.

Les fondements de la créativité spirituelle

- **Connection avec le divin**: La créativité peut être un moyen puissant de se connecter avec Dieu et d'exprimer sa foi.

- **Inspiration biblique**: De nombreux passages bibliques peuvent servir de source d'inspiration pour des œuvres artistiques, littéraires et musicales.

- **Stratégies pour trouver l'inspiration divine**

- **Méditation et Prière**: Prendre du temps pour méditer et prier, cherchant à ressentir la présence de Dieu et à recevoir des inspirations créatives.

- **Étude des Écritures**: Lire et méditer sur des passages bibliques qui résonnent particulièrement, cherchant à comprendre les messages qu'ils contiennent et comment ils peuvent inspirer des créations.

- **Observation de la Nature**: La nature, en tant que création de Dieu, peut être une source inépuisable d'inspiration. Observer la beauté et la complexité du monde naturel peut raviver l'étincelle créative.

Pratiques créatives pour exprimer la foi

- **Art Visuel**: Peinture, dessin et sculpture inspirés par des thèmes bibliques ou des expériences spirituelles personnelles.

- **Écriture**: Poèmes, récits et essais qui explorent des questions spirituelles, racontent des histoires de foi ou interprètent des passages des Écritures.

- **Musique**: Composition et performance de musique qui exprime des sentiments religieux, raconte des histoires bibliques ou conduit à la méditation.

Exemples d'inspiration créative

- **Artistes historiques**: Exemples d'artistes comme Michel-Ange, Rembrandt et J.S. Bach, qui ont utilisé leur art pour exprimer leur foi et leur dévotion.

- **Créations contemporaines**: Études de cas d'artistes modernes qui trouvent leur inspiration dans la spiritualité et la foi.

Intégrer la créativité dans la vie quotidienne

- **Journal créatif**: Tenir un journal où l'on note des idées, des inspirations, des croquis ou des réflexions spirituelles.

- **Projets en cours**: Travailler sur des projets créatifs régulièrement, en y consacrant du temps et de l'énergie, même de manière modeste.

- **Communauté**: Partager ses créations avec une communauté de foi, recevoir des retours et trouver du soutien et de l'inspiration mutuelle.

Conclusion: La lumière divine à travers la créativité

- **Réflexions finales**: La créativité est un don précieux qui peut renforcer notre foi et nous rapprocher de Dieu.

- **Encouragement**: Inviter les lecteurs à embrasser leur propre potentiel créatif et à chercher la lumière divine dans leurs œuvres.

Ce chapitre offre une exploration profonde de la manière dont la créativité peut être une source de sens et d'inspiration, guidée par la lumière divine. Si vous avez besoin de développer davantage cette section ou d'autres chapitres, je suis là pour vous aider!

Analyse des défis contemporains

1. **Éducation des enfants:**

   o Marie doit faire face à la pression de transmettre des valeurs morales et spirituelles solides à ses enfants dans une société de plus en plus sécularisée.

- o **Réponse des apôtres:** Pierre met l'accent sur l'enseignement de la foi et de l'amour au sein de la famille.
  - Verset clé: "Instruis l'enfant selon la voie qu'il doit suivre; et quand il sera vieux, il ne s'en détournera pas." (Proverbes 22:6)

2. **Éthique professionnelle:**

   - o Jean, en tant qu'entrepreneur, est confronté à des dilemmes éthiques dans ses affaires. Il cherche à mener son entreprise avec intégrité tout en restant compétitif.
   - o **Réponse des apôtres:** Jean insiste sur l'importance de la vérité et de l'amour dans toutes les actions.
     - Verset clé: "Et tout ce que vous faites, faites-le de bon cœur, comme pour le Seigneur et non pour des hommes." (Colossiens 3:23)

3. **Recherche de sens et d'inspiration:**

   - o Isabelle, en tant qu'artiste, cherche une source d'inspiration qui transcende la superficialité de la vie moderne.
   - o **Réponse des apôtres:** Jacques encourage la patience et la persévérance dans la recherche de la sagesse divine.
     - Verset clé: "Si quelqu'un d'entre vous manque de sagesse, qu'il la demande à Dieu, qui donne à tous simplement et sans reproche, et elle lui sera donnée." (Jacques 1:5)

Étude de cas concrets

1. **Alexandre et le stress académique:** Alexandre commence à pratiquer la méditation et la prière quotidienne pour se décharger de ses soucis et retrouver la paix intérieure. Il partage également ses découvertes avec ses étudiants, les encourageant à trouver un équilibre entre travail et spiritualité.

2. **Marie et l'éducation des enfants:** Marie organise des activités familiales centrées sur les valeurs chrétiennes, telles que des lectures bibliques et des discussions sur les enseignements de Jésus et des apôtres. Elle crée un environnement aimant et spirituellement riche pour ses enfants.

3. **Jean et l'éthique professionnelle:** Jean décide d'implémenter des pratiques commerciales éthiques dans son entreprise, telles que la transparence financière et le traitement équitable de ses employés. Il intègre également des moments de réflexion spirituelle dans sa routine quotidienne pour rester aligné avec ses valeurs.

4. **Isabelle et l'inspiration artistique:** Inspirée par les Écritures, Isabelle crée une série de peintures intitulée "Lumières Divines" qui illustre les versets bibliques et les enseignements des apôtres. Ses œuvres touchent les spectateurs et les incitent à réfléchir sur leur propre spiritualité.

Ce chapitre montre comment les enseignements des apôtres peuvent être appliqués concrètement pour surmonter les défis contemporains et mener une vie riche en valeurs spirituelles.

PARTIE V : TRANSFORMATION SPIRITUELLE

Dans ce chapitre, nous observerons les transformations spirituelles profondes vécues par nos personnages principaux grâce à l'application pratique des enseignements bibliques des apôtres. Ces transformations se manifesteront à travers des témoignages de foi, des réconciliations, des guérisons et d'autres changements de vie marquants. Les citations bibliques viendront illustrer ces transformations et montrer comment la foi peut véritablement transformer les vies.

Chapitre 16 : Alexandre : Témoignage de foi et transformation intérieure

Alexandre, chercheur de vérité et professeur de philosophie, a toujours ressenti un vide intérieur malgré ses succès académiques et professionnels. Sa quête de sens l'a conduit à explorer les enseignements de l'apôtre Paul, ce qui a marqué le début d'une transformation profonde.

Le début du cheminement spirituel

- **Révélation initiale**: Alexandre se souvient du moment où les lettres de Paul ont résonné en lui, apportant des réponses à ses questions existentielles. Il raconte comment ce premier contact avec les Écritures l'a poussé à s'engager plus profondément dans sa quête spirituelle.

Exemple : « Un jour, alors que je feuilletais distraitement une Bible trouvée dans la bibliothèque universitaire, je suis tombé sur les épîtres de Paul. Chaque mot semblait parler directement à mon cœur, apaisant des inquiétudes que je portais depuis des années. C'était comme si un voile se levait, révélant une vérité que je cherchais sans le savoir. »

Moments de doute et renouveau

- **Doutes et défis**: Alexandre partage ses moments de doute et les défis qu'il a rencontrés, y compris les critiques de ses collègues et ses propres luttes intérieures.

Exemple : « Malgré cette première révélation, le chemin vers la foi n'était pas sans embûches. Mes collègues se moquaient de mon nouvel intérêt pour la religion, et je me retrouvais souvent en conflit entre ma logique philosophique et ma foi naissante. Ces moments de doute étaient paralysants, mais aussi nécessaires pour renforcer ma conviction. »

- **Soutien spirituel**: Alexandre parle des personnes et des ressources qui l'ont aidé à surmonter ces défis, comme un mentor spirituel ou des groupes de prière.

Exemple : « J'ai eu la chance de rencontrer le Pasteur Bernard, un homme de Dieu à la sagesse profonde et à l'écoute attentive. Ses conseils et sa capacité à relier les enseignements de Paul à la vie moderne m'ont offert un nouveau cadre pour comprendre et vivre ma foi. »

Transformation intérieure et impact

- **Éveil spirituel**: Alexandre décrit les moments clés de son éveil spirituel, comment il a ressenti une connexion profonde avec Dieu et a expérimenté une transformation intérieure.

Exemple : « Un matin, en méditant sur un passage de l'Épître aux Romains, j'ai ressenti une paix profonde, une certitude que je n'étais pas seul dans ma quête. Cette expérience m'a transformé, m'a donné une nouvelle perspective sur la vie et une volonté de vivre selon les principes de foi. »

- **Changements concrets**: Alexandre explique les changements concrets dans son comportement, ses priorités et ses interactions avec les autres, inspirés par les enseignements de Paul.

Exemple : « J'ai commencé à intégrer la prière dans ma routine quotidienne, à pratiquer la gratitude et à chercher des occasions de servir les autres. Ces simples changements ont non seulement enrichi ma vie, mais ont aussi influencé positivement mes relations professionnelles et personnelles. »

- **Contribution et service**: Il parle de son engagement à partager sa foi avec ses étudiants et à inspirer les autres à travers son enseignement.

Exemple : « En tant que professeur, j'ai commencé à intégrer des discussions sur l'éthique et la spiritualité dans mes cours, encourageant mes étudiants à réfléchir non seulement sur leur carrière, mais aussi sur leur contribution à la société et leur propre quête de sens. »

Témoignage de foi

- **Histoire personnelle**: Alexandre partage des anecdotes spécifiques de son parcours de foi, illustrant comment les enseignements de Paul ont changé sa vie.

Exemple : « Lors d'un séminaire universitaire, j'ai été confronté à une situation difficile où un étudiant était injustement accusé de plagiat. Inspiré par les enseignements de Paul sur la justice et le pardon, j'ai décidé d'enquêter personnellement et de défendre l'étudiant. Cette décision a non seulement résolu la situation de manière équitable, mais a aussi renforcé la confiance de mes étudiants en mon intégrité. »

- **Encouragement aux autres**: Alexandre conclut avec des conseils et encouragements pour ceux qui cherchent à entamer ou approfondir leur propre cheminement spirituel.

Exemple : « À ceux qui se sentent perdus ou en quête de sens, je dis : ne sous-estimez jamais le pouvoir de la prière et des Écritures. Prenez le temps de vous connecter avec Dieu, et soyez ouverts à la transformation intérieure. Le chemin est souvent parsemé d'obstacles, mais chaque étape vous rapproche de la vérité et de la paix intérieure. »

Un voyage continu

- **Réflexions finales**: Alexandre reconnaît que la transformation intérieure est un processus continu, et il reste engagé dans sa quête de vérité et de spiritualité.

- **Invitation à la foi**: Une invitation ouverte à ceux qui lisent son témoignage à explorer leur propre foi et à trouver leur propre chemin spirituel.

Exemple : « Ma transformation n'est pas un aboutissement, mais une continuité. Chaque jour est une nouvelle occasion de grandir spirituellement et de vivre selon les principes que j'ai découverts dans les lettres de Paul. J'invite chacun à entreprendre ce voyage, car la quête de la foi est la plus belle des aventures humaines. »

Citations bibliques:

- "Je puis tout par celui qui me fortifie." (Philippiens 4:13)

- "Nous savons, du reste, que toutes choses concourent au bien de ceux qui aiment Dieu, de ceux qui sont appelés selon son dessein." (Romains 8:28).

Chapitre 17: Marie: Transformation familiale et éducation chrétienne

Marie, mère de trois enfants et infirmière à mi-temps, souhaitait transmettre des valeurs chrétiennes solides à ses enfants dans un monde en constante évolution. Inspirée par l'apôtre Pierre, elle cherchait des enseignements sur la foi, l'espoir et l'amour qui pourraient guider sa famille.

Le début du cheminement spirituel

- **Révélation initiale**: Marie raconte comment elle a découvert les enseignements de l'apôtre Pierre et comment ils ont résonné en elle, lui offrant des conseils pratiques pour élever ses enfants dans la foi.

Exemple : « Un soir, épuisée après une journée de travail et de soins aux enfants, je suis tombée sur une lettre de Pierre dans ma Bible. Ses paroles sur la foi, l'espoir et l'amour ont résonné en moi, me donnant un nouveau souffle et une direction claire pour guider ma famille. »

Moments de doute et renouveau

- **Doutes et défis**: Marie partage les défis qu'elle a rencontrés, comme équilibrer son travail, les responsabilités familiales et ses aspirations spirituelles.

Exemple : « Il y avait des jours où je me sentais dépassée, où jongler entre les tâches ménagères, le travail et les devoirs des enfants semblait impossible. Les enseignements de Pierre me rappelaient de maintenir ma foi et mon espoir, même dans les moments de fatigue et de découragement. »

- **Soutien spirituel**: Marie parle des ressources spirituelles qui l'ont aidée, comme les groupes de prière et les mentors spirituels.

Exemple : « Rejoindre un groupe de prière de mamans à l'église a été un tournant décisif. Partager nos expériences, prier ensemble et recevoir des conseils spirituels m'ont donné la force et la perspective nécessaires pour persévérer. »

Transformation familiale et impact

- **Changements concrets**: Marie explique comment elle a intégré les enseignements de Pierre dans son quotidien familial, transformant sa maison en un foyer centré sur la foi.

Exemple : « Chaque matin, nous avons commencé à avoir un moment de prière en famille. Ce simple acte a renforcé notre unité et notre foi collective. Voir mes enfants prier et partager leurs réflexions m'a montré l'impact profond des enseignements de Pierre sur notre vie quotidienne. »

- **Éducation chrétienne**: Marie détaille les méthodes qu'elle utilise pour transmettre les valeurs chrétiennes à ses enfants, comme les histoires bibliques, les discussions sur la foi et les activités familiales.

Exemple : « Nous avons instauré une soirée hebdomadaire dédiée aux histoires bibliques. Après le dîner, nous lisons ensemble un passage de la Bible et discutons de sa signification. C'est devenu un moment attendu par tous, où chacun peut poser des questions et partager ses pensées. »

- **Contribution et service**: Marie parle de l'importance des actes de service et comment elle encourage ses enfants à participer à des activités bénévoles.

Exemple : « Chaque mois, nous participons à une activité bénévole en famille, comme servir dans une soupe populaire ou nettoyer le parc local. Ces expériences enseignent à mes enfants l'importance de l'amour et du service aux autres, valeurs chères à l'apôtre Pierre. »

Témoignage de foi

- **Histoire personnelle**: Marie partage des anecdotes spécifiques de son parcours de foi et de transformation familiale, illustrant comment les enseignements de Pierre ont changé leur vie.

Exemple : « Un jour, ma fille aînée est revenue de l'école en larmes, victime de moqueries. Nous avons parlé des enseignements de Pierre sur le courage et l'amour face à l'adversité. Cela l'a non seulement réconfortée mais lui a aussi donné la force de pardonner et de répondre avec gentillesse. »

- **Encouragement aux autres**: Marie conclut avec des conseils et encouragements pour les parents qui cherchent à élever leurs enfants dans la foi chrétienne.

Exemple : « À tous les parents qui luttent pour transmettre des valeurs chrétiennes à leurs enfants, je dis : persévérez. La route est parfois difficile, mais les fruits spirituels que vous récolterez en valent la peine. Soyez un exemple de foi, d'espoir et d'amour, et vos enfants suivront. »

Une transformation continue

- **Réflexions finales**: Marie reconnaît que l'éducation chrétienne est un processus continu et reste engagée dans sa mission de guider sa famille spirituellement.

- **Invitation à la foi**: Une invitation ouverte aux parents à explorer leur propre foi et à s'engager dans l'éducation spirituelle de leurs enfants.

Exemple : « La transformation familiale n'est jamais complète, elle est un voyage continu. Chaque jour offre une nouvelle opportunité d'apprendre et de grandir dans la foi. J'invite chaque parent à prendre ce voyage à cœur et à découvrir les bénédictions qui en découlent. »

Ce chapitre offre une vue personnelle et inspirante sur le parcours de Marie, montrant comment les enseignements de l'apôtre Pierre peuvent conduire à une transformation familiale profonde.

Chapitre 18: Jean: Transformation éthique et professionnelle

Jean, un entrepreneur prospère, possédait une entreprise florissante et jouissait de nombreux succès matériels. Cependant, il ressentait un vide spirituel. Attiré par les écrits de l'apôtre Jean, il chercha à intégrer des valeurs spirituelles dans sa vie professionnelle, transformant ainsi son approche des affaires.

Le début du cheminement éthique

- **Révélation initiale**: Jean raconte comment les écrits de l'apôtre Jean ont inspiré ses réflexions sur l'éthique et l'intégrité dans les affaires.

Exemple : « En lisant les Évangiles et les épîtres de Jean, j'ai été frappé par l'importance de l'amour et de la vérité. Ces valeurs semblaient en contradiction avec le monde des affaires, mais j'ai décidé de les intégrer dans ma vie professionnelle, convaincu qu'elles pouvaient apporter un sens nouveau à mon travail. »

Moments de doute et renouveau

- **Doutes et défis**: Jean partage les défis qu'il a rencontrés, notamment les tentations de revenir à des pratiques moins éthiques et les critiques de ses pairs.

Exemple : « Au début, mes collègues et partenaires étaient sceptiques. Ils ne comprenaient pas pourquoi je changeais des pratiques qui, selon eux, fonctionnaient bien. Les tentations de revenir à l'ancien mode de fonctionnement étaient nombreuses, mais la persévérance dans l'intégrité m'a permis de voir des résultats positifs à long terme. »

- **Soutien spirituel**: Jean parle des ressources spirituelles et des mentors qui l'ont aidé à rester sur la voie de l'éthique.

Exemple : « L'appui de mon pasteur et de certains collègues partageant les mêmes valeurs a été crucial. Nous avons formé un groupe de soutien où nous partagions nos expériences et priions ensemble pour demander guidance et force. »

Transformation éthique et impact

- **Changements concrets**: Jean explique comment il a intégré les enseignements de l'apôtre Jean dans ses pratiques professionnelles, transformant son entreprise.

Exemple : « Nous avons mis en place une politique de transparence totale avec nos clients et nos employés. Chaque décision était prise en tenant compte des valeurs d'amour et de vérité. Ce changement a conduit à une meilleure communication et à une atmosphère de confiance au sein de l'entreprise. »

- **Initiatives éthiques**: Jean détaille les initiatives spécifiques qu'il a mises en place pour promouvoir une culture d'éthique et de compassion.

Exemple : « Nous avons initié des programmes de responsabilité sociale, incluant des dons à des œuvres de charité locales et des projets de volontariat pour nos employés. Ces actions ont non seulement renforcé notre image de marque, mais ont aussi apporté un profond sentiment de satisfaction et de fierté à toute l'équipe. »

- **Résultats positifs**: Jean partage les résultats positifs de cette transformation, tant sur le plan personnel que professionnel.

Exemple : « Les bénéfices de notre entreprise ont finalement augmenté, non seulement en raison de la confiance accrue de nos clients, mais aussi grâce à une équipe plus motivée et alignée avec nos valeurs. Personnellement, je me sentais plus en paix et connecté à un sens plus profond dans mon travail. »

Témoignage de foi

- **Histoire personnelle**: Jean partage des anecdotes spécifiques de sa transformation éthique et de l'impact des enseignements de l'apôtre Jean sur sa vie professionnelle.

Exemple : « Un moment marquant a été lorsque nous avons décidé de ne pas participer à une grosse affaire lucrative mais contraire à nos valeurs. Cela semblait risqué, mais peu après, nous avons signé un contrat encore plus important avec un client aligné avec nos principes éthiques. Cet événement a renforcé ma foi et ma conviction que l'intégrité finit toujours par payer. »

- **Encouragement aux autres**: Jean conclut avec des conseils et encouragements pour les professionnels qui cherchent à intégrer des valeurs éthiques dans leurs propres entreprises.

Exemple : « À ceux qui hésitent à introduire des changements éthiques dans leurs pratiques professionnelles, je dis : ne craignez pas. L'intégrité et l'amour dans les affaires apportent non seulement des bénéfices à long terme, mais enrichissent aussi votre vie de manière profonde. Soyez patients et persévérants, et les fruits de votre travail éthique se manifesteront. »

Un parcours éthique continu

- **Réflexions finales**: Jean reconnaît que l'intégrité et l'éthique sont des valeurs à cultiver continuellement et reste engagé dans cette mission.

- **Invitation à la foi**: Une invitation ouverte à ceux qui lisent son témoignage à explorer comment les valeurs chrétiennes peuvent enrichir leur propre vie professionnelle.

Exemple : « La transformation éthique est un voyage sans fin. Chaque jour, je m'efforce de vivre et de travailler selon les principes que j'ai découverts dans les écrits de l'apôtre Jean. J'invite chacun à entreprendre ce voyage, à explorer la richesse des valeurs chrétiennes et à découvrir leur pouvoir transformateur dans la vie professionnelle. »

Ce chapitre offre une vue personnelle et inspirante sur le parcours de Jean, montrant comment les enseignements de l'apôtre Jean peuvent conduire à une transformation éthique et professionnelle profonde.

Citations bibliques:

- "Car ce n'est pas un esprit de timidité que Dieu nous a donné, mais un esprit de force, d'amour et de sagesse." (2 Timothée 1:7)

- "Celui qui aime son frère demeure dans la lumière, et aucune occasion de chute n'est en lui." (1 Jean 2:10).

Chapitre 19: Isabelle: Transformation artistique et spirituelle

Isabelle, artiste peintre, se sentait souvent déconnectée spirituellement. En cherchant une source d'inspiration profonde pour ses œuvres et sa vie personnelle, elle s'est tournée vers les Écritures, espérant y trouver des réponses et une connexion plus intime avec sa foi.

Le début du cheminement artistique et spirituel

- **Révélation initiale**: Isabelle partage comment les Écritures ont éveillé en elle une nouvelle inspiration artistique et spirituelle.

Exemple : « Un soir, en parcourant le Livre des Psaumes, j'ai été touchée par la beauté et la profondeur des mots. Chaque verset semblait peindre des images vivantes dans mon esprit, et j'ai ressenti un élan créatif que je n'avais jamais connu auparavant. Ce fut le début d'un voyage artistique et spirituel qui allait transformer ma vie. »

Moments de doute et renouveau

- **Doutes et défis**: Isabelle partage ses moments de doute, ses luttes créatives et ses défis spirituels.

Exemple : « Il y avait des jours où la toile restait blanche, où l'inspiration semblait avoir disparu. Je me demandais si ma foi était suffisante pour nourrir ma créativité. Mais c'est dans ces moments de silence et de doute que je me tournais vers la prière et trouvais une nouvelle force. »

- **Soutien spirituel**: Isabelle parle des mentors et des groupes spirituels qui l'ont aidée à surmonter ses défis et à nourrir sa foi.

Exemple : « Rejoindre un groupe d'artistes chrétiens a été une bénédiction. Ensemble, nous partagions nos inspirations, priions pour la guidance divine et trouvions du réconfort dans notre communauté. Leurs encouragements et leur soutien ont été essentiels pour ma croissance artistique et spirituelle. »

Transformation artistique et impact

- **Changements concrets**: Isabelle explique comment sa foi a influencé son art et comment elle intègre des éléments spirituels dans ses créations.

Exemple : « Mes toiles ont commencé à refléter des thèmes bibliques et spirituels. Chaque coup de pinceau était une prière, chaque couleur une expression de ma foi. Les retours des spectateurs étaient incroyables – beaucoup partageaient comment mes œuvres les avaient touchés spirituellement, ce qui renforçait encore ma conviction de poursuivre ce chemin. »

- **Expositions et partages**: Isabelle détaille ses expositions et comment elle utilise son art pour partager sa foi avec un public plus large.

Exemple : « Lors de ma première exposition sur le thème "Lumière divine", j'ai eu l'occasion de parler de mon parcours spirituel à travers mes œuvres. Les discussions avec les visiteurs étaient profondes et enrichissantes, et j'ai réalisé que mon art pouvait être un pont entre la spiritualité et les gens de toutes confessions. »

- **Résultats positifs**: Isabelle partage les résultats positifs de cette transformation, tant sur le plan personnel que dans sa carrière artistique.

Exemple : « Mon travail a non seulement gagné en profondeur et en sens, mais j'ai aussi ressenti une paix intérieure que je n'avais jamais connue. Ma carrière artistique a pris un nouvel essor, et j'ai eu l'opportunité d'exposer dans des galeries et des églises, touchant ainsi un public encore plus large. »

Témoignage de foi

- **Histoire personnelle**: Isabelle partage des anecdotes spécifiques de sa transformation artistique et spirituelle, illustrant comment les Écritures ont influencé son art.

Exemple : « Un jour, j'ai été inspirée par le passage de Jean 1:5 : "La lumière brille dans les ténèbres, et les ténèbres ne l'ont pas accueillie." Cette image de la lumière et des ténèbres a donné naissance à une série de peintures explorant la lutte entre le bien et le mal, apportant espoir et réconfort à ceux qui les contemplaient. »

- **Encouragement aux autres**: Isabelle conclut avec des conseils et encouragements pour les artistes qui cherchent à intégrer leur foi dans leur travail créatif.

Exemple : « À tous les artistes en quête de sens et d'inspiration, je dis : laissez votre foi guider votre créativité. Ne craignez pas d'explorer des thèmes spirituels dans vos œuvres. La foi peut enrichir votre art de manière inattendue et profonde, et toucher le cœur de ceux qui contemplent vos créations. »

Un parcours artistique et spirituel continu

- **Réflexions finales**: Isabelle reconnaît que l'exploration artistique et spirituelle est un voyage continu et reste engagée dans cette quête.

- **Invitation à la foi**: Une invitation ouverte à ceux qui lisent son témoignage à explorer comment les Écritures peuvent enrichir leur propre travail créatif.

Exemple : « Mon voyage artistique et spirituel est en constante évolution. Chaque jour apporte de nouvelles inspirations et défis, et je continue de chercher la guidance divine dans mon travail. J'invite chaque artiste à entreprendre ce voyage, à découvrir la lumière divine dans leur créativité et à partager cette lumière avec le monde. »

Ce chapitre offre une vue personnelle et inspirante sur le parcours d'Isabelle, montrant comment les Écritures peuvent conduire à une transformation artistique et spirituelle profonde.

Citations bibliques:

- "Louez l'Éternel avec la harpe, célébrez-le sur le luth à dix cordes." (Psaume 33:2)

- "Tout don excellent et tout don parfait descendent d'en haut, du Père des lumières, chez lequel il n'y a ni changement ni ombre de variation." (Jacques 1:17)

Ce chapitre met en lumière les transformations spirituelles des personnages et montre comment l'application pratique des enseignements bibliques peut apporter des changements profonds et durables dans la vie de chacun.

PARTIE VI : RETOUR AUX FONDEMENTS

Le voyage spirituel de nos personnages touche à sa fin, et c'est le moment de réaffirmer l'importance des valeurs fondamentales de la foi chrétienne et de tirer les leçons des enseignements des apôtres pour mener une vie enrichissante et épanouissante.

Chapitre 20 : Retour aux valeurs fondamentales de la foi chrétienne

Ce chapitre explore les valeurs fondamentales de la foi chrétienne, offrant aux lecteurs une compréhension approfondie des principes clés qui guident la vie des croyants et la pratique religieuse. Nous inclurons également des exemples concrets de la mise en pratique de ces valeurs dans le monde moderne.

Les valeurs fondamentales de la foi chrétienne

1. Foi en Dieu

- **Définition** : La foi est la confiance et la croyance en Dieu, ainsi qu'en Ses promesses.

- **Importance** : La foi est la pierre angulaire de la vie chrétienne, permettant aux croyants de naviguer dans les défis de la vie avec la certitude que Dieu est toujours présent.

- **Exemple concret** : En Afrique subsaharienne, la foi chrétienne est un élément central de nombreuses communautés. Par exemple, au Nigeria, les fidèles se rassemblent régulièrement pour des cultes de prière et de louange, cherchant la guidance divine dans les moments de crise.

2. Amour et Compassion

- **Définition** : L'amour chrétien est l'amour inconditionnel pour Dieu et pour le prochain.

- **Importance** : L'amour est au cœur des enseignements de Jésus, appelant les croyants à aimer même leurs ennemis et à agir avec compassion et bienveillance envers tous.

- **Exemple concret** : Mère Teresa, fondatrice des Missionnaires de la Charité, a passé sa vie à servir les plus pauvres et les plus vulnérables en Inde, incarnant l'amour et la compassion de manière remarquable.

3. Pardon et Réconciliation

- **Définition** : Le pardon est l'acte de libérer les autres de la dette morale de leurs offenses.

- **Importance** : Le pardon est essentiel pour la paix intérieure et la réconciliation avec Dieu et les autres, exemplifié par le sacrifice de Jésus sur la croix.

- **Exemple concret** : En Afrique du Sud, la Commission Vérité et Réconciliation, dirigée par Desmond Tutu, a mis en œuvre des principes de pardon et de réconciliation pour guérir les blessures de l'apartheid.

4. Humilité et Service

- **Définition** : L'humilité est la reconnaissance de sa dépendance envers Dieu, et le service est l'acte d'aider les autres de manière désintéressée.

- **Importance** : Jésus a modelé l'humilité et le service en lavant les pieds de ses disciples, enseignant ainsi que la grandeur dans le royaume de Dieu passe par le service aux autres.

- **Exemple concret** : Dans des régions rurales du Guatemala, des missions médicales chrétiennes fournissent des soins gratuits aux communautés défavorisées, démontrant l'humilité et le service en action.

5. Espérance et Vie Éternelle

- **Définition** : L'espérance chrétienne est l'attente confiante de la vie éternelle promise par Dieu.

- **Importance** : Cette espérance donne aux croyants la force de persévérer dans les épreuves, avec la certitude que leur vie sur terre est une préparation pour une vie éternelle avec Dieu.

- **Exemple concret** : Lors du tremblement de terre de 2010 en Haïti, de nombreuses églises locales ont joué un rôle crucial en offrant espoir et soutien aux survivants, organisant des services de prière et des efforts de reconstruction.

6.Vivre les valeurs chrétiennes

- **Réflexions finales**: La foi chrétienne repose sur des valeurs fondamentales qui guident les croyants dans leur vie quotidienne. En incarnant ces valeurs, les chrétiens témoignent de l'amour et de la grâce de Dieu dans le monde.

- **Invitation à la foi**: Une invitation ouverte à tous les lecteurs à explorer ces valeurs et à les intégrer dans leur propre vie, découvrant ainsi la profondeur et la richesse de la foi chrétienne.

Exemple : « En vivant selon les valeurs fondamentales de la foi chrétienne – foi, amour, pardon, humilité et espérance – nous pouvons apporter lumière et réconfort à un monde souvent troublé. J'invite chacun à explorer ces valeurs et à découvrir la transformation spirituelle qu'elles peuvent apporter. »

Ce chapitre vise à offrir une compréhension claire et inspirante des valeurs fondamentales de la foi chrétienne, en illustrant par des exemples concrets comment elles sont mises en pratique dans le monde.

Chapitre 21: Appel à un retour aux enseignements des apôtres et message d'espoir

Dans un monde marqué par des changements rapides et des incertitudes, retourner aux enseignements des apôtres peut offrir un fondement solide et des repères spirituels durables. Ce chapitre explore cet appel à revenir aux sources de la foi chrétienne et propose un message d'espoir pour aujourd'hui.

L'importance des enseignements des apôtres

- **Racines profondes**: Les apôtres étaient les premiers témoins et disciples de Jésus, et leurs enseignements sont essentiels pour comprendre et vivre la foi chrétienne authentique.

- **Authenticité spirituelle**: Retourner aux enseignements des apôtres permet de renouer avec les principes fondamentaux du christianisme, loin des distorsions et des interprétations erronées.

Exemples concrets de mise en pratique des enseignements des apôtres

- **Église primitive**: La communauté des premiers chrétiens, telle que décrite dans les Actes des Apôtres, vivait en partageant toutes choses en commun, priant ensemble et prenant soin des plus vulnérables. Ce modèle de vie communautaire est une source d'inspiration pour les églises modernes.

Exemple : « Dans une petite église de Séoul, en Corée du Sud, les membres de la communauté se réunissent chaque semaine pour prier, étudier les Écritures et partager des repas. Inspirés par les Actes des Apôtres, ils ont développé des programmes de soutien pour les sans-abri et les personnes âgées, incarnant l'esprit de service et de fraternité des premiers chrétiens. »

- **Mission et évangélisation**: Les apôtres ont voyagé loin pour partager l'Évangile, souvent au péril de leur vie. Leur engagement envers la mission chrétienne est un exemple puissant pour les croyants d'aujourd'hui.

Exemple : « En Ouganda, une organisation chrétienne suit l'exemple des apôtres en envoyant des équipes missionnaires dans les régions rurales pour fournir des soins médicaux, enseigner et partager le message de l'Évangile. Leur travail transforme non seulement la vie spirituelle des habitants, mais améliore aussi leur qualité de vie grâce à des initiatives de développement durable. »

Message d'espoir à travers les enseignements des apôtres

- **Espérance en Christ**: Les apôtres ont prêché la résurrection de Jésus-Christ comme la victoire ultime sur le mal et la mort. Cette espérance est au cœur du message chrétien et offre une lumière dans les moments les plus sombres.

Exemple : « Pendant la pandémie de COVID-19, de nombreuses églises ont puisé dans les enseignements des apôtres pour offrir un message d'espoir et de résilience. En ligne et en personne, des pasteurs ont rappelé aux fidèles que, comme les apôtres l'avaient enseigné, la résurrection de Jésus-Christ est une promesse de vie nouvelle et d'espoir éternel. »

Invitation à revenir aux enseignements des apôtres

- **Réflexions finales**: En revenant aux enseignements des apôtres, les croyants peuvent redécouvrir la profondeur et la richesse de la foi chrétienne, trouvant des repères solides dans un monde en constante évolution.

- **Invitation à la foi**: Une invitation ouverte à tous les lecteurs à explorer les enseignements des apôtres, à les intégrer dans leur vie quotidienne et à partager le message d'espoir et d'amour avec ceux qui les entourent.

Exemple : « Retourner aux enseignements des apôtres est une invitation à redécouvrir la foi chrétienne dans sa forme la plus pure. En intégrant ces enseignements dans notre vie quotidienne, nous pouvons devenir des témoins authentiques de l'amour et de l'espérance de Dieu. J'invite chacun à explorer ces enseignements, à les vivre pleinement et à partager cette lumière divine avec le monde. »

Ce chapitre offre un appel inspirant à revenir aux sources de la foi chrétienne, en mettant en lumière les enseignements des apôtres et leur pertinence pour aujourd'hui.

CONCLUSION

Synthèse des transformations vécues par les personnages À travers ce voyage, nous avons suivi les transformations profondes de plusieurs personnages :

- **Alexandre** a trouvé une nouvelle direction et une paix intérieure en intégrant les enseignements de Paul dans sa vie, renforçant ainsi sa foi et son engagement spirituel.

- **Marie** a réussi à transmettre des valeurs chrétiennes solides à ses enfants, en s'inspirant des enseignements de Pierre pour guider sa famille à travers les défis du quotidien.

- **Jean** a révolutionné son approche professionnelle en intégrant l'éthique et les valeurs spirituelles des enseignements de l'apôtre Jean, transformant ainsi son entreprise et son propre bien-être spirituel.

- **Isabelle** a redécouvert son art et sa spiritualité en se connectant aux Écritures, trouvant l'inspiration et la lumière divine pour enrichir ses créations artistiques.

Importance de la foi et des enseignements des apôtres pour la vie moderne

Les enseignements des apôtres, bien que datant de milliers d'années, restent incroyablement pertinents dans le monde moderne. Ils offrent des principes intemporels de foi, d'amour, de pardon, d'humilité et d'espérance qui guident les croyants à travers les défis contemporains.

Par exemple :

- **Foi en Dieu** : Permet de naviguer avec confiance dans les incertitudes de la vie moderne.

- **Amour et Compassion** : Favorise des relations humaines saines et un engagement envers la justice sociale.

- **Pardon et Réconciliation** : Essentiels pour la paix intérieure et la guérison des divisions sociales.

- **Humilité et Service** : Encouragent une approche désintéressée et bienveillante dans les interactions professionnelles et personnelles.

- **Espérance et Vie Éternelle** : Offrent une perspective optimiste et résiliente face aux épreuves.

Encouragement aux lecteurs à poursuivre leur propre quête spirituelle

Le parcours spirituel est unique à chaque individu, et les transformations décrites montrent que la foi peut profondément enrichir la vie de quiconque la cherche sincèrement.

Chers lecteurs, je vous encourage à explorer et à intégrer les enseignements des apôtres dans votre propre vie. Que ce soit à travers la prière, l'étude des Écritures, ou les actes de service, chaque petit pas vous rapproche d'une vie remplie de sens, de paix et d'amour divin.

Prenez le temps de méditer sur les valeurs fondamentales de la foi chrétienne et laissez-les guider vos actions et vos décisions.

DU MEME AUTEUR

Prière inspirée de la bible Psaumes et Matthieu

Les douleurs du ministère

Les illusions des enfants envers leurs parents

Les coulisses d'Eglise

PLAN DETAILLE DU LIVRE

Introduction:

Partie I: Point de départ

1. Description des personnages

2. Le point commun des personnages

Partie II: Rencontres avec les Apôtres

3. Pierre: Sa vie, mission et enseignements

4. Paul: Sa vie, mission et enseignements

5. Jean: Sa vie, mission et enseignements

6. Jacques: Sa vie, mission et enseignements

7. Autres Apôtres: Leur impact et contributions

Partie III: Réflexions et Introspections

8. Alexandre: Réflexion personnelle et application des enseignements de Paul

9. Marie: Réflexion personnelle et application des enseignements de Pierre

10. Jean: Réflexion personnelle et application des enseignements de Jean

11. Isabelle: Réflexion personnelle et application des enseignements de Jacques

Partie IV: Défis Modernes et Solutions Bibliques

12. Stress et Burnout: La paix intérieure à travers la prière et la méditation

13. Éducation des Enfants: Transmettre les valeurs chrétiennes dans un monde sécularisé

14. Éthique Professionnelle: Intégrité et amour dans le monde des affaires

15. Recherche de Sens et d'Inspiration: Trouver la lumière divine dans la créativité

Partie V: Transformation Spirituelle

16. Alexandre: Témoignage de foi et transformation intérieure

17. Marie: Transformation familiale et éducation chrétienne

18. Jean: Transformation éthique et professionnelle

19. Isabelle: Transformation artistique et spirituelle

Partie VI: Retour aux Fondements

20. Retour aux valeurs fondamentales de la foi chrétienne

21. Appel à un retour aux enseignements des apôtres et message d'espoir

Conclusion:

- Synthèse des transformations vécues par les personnages

- Importance de la foi et des enseignements des apôtres pour la vie moderne

- Encouragement aux lecteurs à poursuivre leur propre quête spirituelle

Références bibliographiques

1- La Sainte Bible - Louis Segond 1910

2- La bible du semeur 2015

3- Le Grand Dictionnaire de la Bible – Troisième édition révisée – Excelsis

I want morebooks!

Buy your books fast and straightforward online - at one of world's fastest growing online book stores! Environmentally sound due to Print-on-Demand technologies.

Buy your books online at
www.morebooks.shop

Achetez vos livres en ligne, vite et bien, sur l'une des librairies en ligne les plus performantes au monde!
En protégeant nos ressources et notre environnement grâce à l'impression à la demande.

La librairie en ligne pour acheter plus vite
www.morebooks.shop

Printed by Books on Demand GmbH, Norderstedt / Germany